성경,
한눈에 쏘옥~

성 경 파 노 라 마 구약2

이대희 지음

엔크리스토
ENCHRISTO

인생의 기초를 성경으로 다져라

십대는 두 번 다시 돌아갈 수 없는 인생에서 귀한 시기입니다.
앞으로 인생을 살아가는 데 있어 기초를 다지는 시기로, 십대를 어떻게
보내느냐에 따라 인생이 달라집니다.

우리가 사는 세상에는 십대를 유혹하는 잘못된 문화와 가치관들이 너
무 많습니다.
세상에 물들지 않고 성경적 가치관과 하나님의 나라를 꿈꾸며 살아갈
수 있는가 하는 것은 모든 십대뿐 아니라 십대를 지도하는 부모와 교사
들이 갖는 중요한 관심사입니다.

십대들을 영원히 지켜줄 수 있는 것은 오직 말씀입니다.
이 시기에 하나님의 말씀으로 얼마나 무장하느냐에 따라 미래의 삶이
결정됩니다.
성경으로 인생의 기초를 다지는 일은 그 어떤 일보다 중요한 일입니다.

틴~꿈 십대성경공부 시리즈는 성경 자체를 배우면서 십대의 삶을 가꾸

는 내용으로 구성되었습니다. 일차적으로 성경개관을 통해 성경 전체의 맥을 잡고, 그 다음으로 구약성경책과 신약성경책을 통해 십대에 관계된 성경의 각권을 선택하여 공부하도록 했습니다.

자매 시리즈인 아름다운 십대 성경공부 시리즈와 함께 연결하여 사용하면 균형 있는 교과과정이 됩니다.

아무쪼록 이 성경공부 교재를 통해 성경적 비전을 품고 말씀과 일치를 이루는 하나님의 사람으로 자라나길 기도합니다.

오직 주님께 영광을…….

이대희

틴~꿈 십대성경공부 시리즈 교재의 특성

1_ 십대들이 꼭 알아야 할 핵심내용과 성경적인 가치관과 세계관을 정립하는 성경공부입니다.

2_ 귀납적 형태를 띤 이야기대화식으로 탐구능력을 키우고 생각을 점차 열리게 하는 흥미로운 성경공부입니다.

3_ 자유로운 토의와 열린 대화를 활발하게 하는 소그룹에 적합한 성경공부입니다.

4_ 영적 사고력과 해석력, 분별력을 키우면서 스스로 적용능력을 점차 극대화시켜 주는 성경공부입니다.

5_ 본문중심 성경공부로, 성경이야기 속으로 빠져들어 말씀의 성육신을 경험하는 성경공부입니다.

6_ 흥미와 재미를 유도하는 주제로 구성되어 있고, 모두가 쉽게 참여하면서 영적 깊이와 변화를 체험하게 하는 전인적인 성경공부입니다.

7_ 성경공부를 통하여 자연스럽게 학과공부와 전인교육에 필요한 논술력, 사고력, 상상력, 창의력, 응용력을 함께 계발시키는 성경공부입니다.

8_ 분반공부와 제자훈련 등 시간(30분, 1시간, 1시간 30분)을 탄력적으로 운영하며 사용할 수 있는 성경공부입니다.

9_ 15년 동안 준비하고 실험한 성경공부 사역 전문가에 의하여 검증된 효과적인 공부 방법과 총체적이며 전인적인 교과과정이 체계적으로 구성된 신뢰할 만한 성경공부입니다.

틴~꿈 십대성경공부 시리즈 전체 양육과정표

'틴~꿈 십대성경공부 시리즈' 는 1년 단위로 5권씩 3년동안 성경 전체의 내용을 핵심적으로 다루도록 구성되었습니다. 1년차는 성경 파노라마를 통해 성경의 맥과 개관을 다룹니다. 그리고 구약책과 신약책 중에서 십대에 맞는 책을 선택하여 집중적으로 유형별로 균형 있게 공부하도록 했습니다. 십대 시기에 성경의 맛을 직접 느끼게 함으로써, 앞으로의 삶 속에서 성경을 계속 배우고 실천하는 데 도움을 주는 방향으로 내용을 구성했습니다. 십대를 마칠 때는 적어도 성경의 중요한 맥과 뼈대를 잡고, 성경의 내용을 각권별로 조금씩이라도 살아 있는 말씀으로 경험한다면 평생동안 말씀과 함께 사는 데 큰 도움이 될 것입니다.

	성경개관 시리즈	구약책 시리즈	신약책 시리즈
1권	성경파노라마 - 구약1 성경, 한눈에 쏘옥~	창세기 인생의 뿌리, 꽉- 잡아라	누가복음 최고의 멘토, 예수님을 만나라
2권	성경파노라마 - 구약2 성경, 한눈에 쏘옥~	에스더 영적 거인, 빼- 닮아라	로마서 내 안의 복음 발전소
3권	성경파노라마 - 구약3 성경, 한눈에 쏘옥~	다니엘 나는 바이블 영재!	사도행전 글로벌 증인이 되어라
4권	성경파노라마 - 신약1 성경, 한눈에 쏘옥~	잠언 지혜가 최고야!	빌립보서 기쁨을 클릭하라
5권	성경파노라마 - 신약2 성경, 한눈에 쏘옥~	전도서 어, 인생이 보인다!	요한계시록 인생 승리, 폴더를 열어라

● 각 과는 10과 내외로 구성되어 있으며, 3년 과정으로 중고등부가 모두 사용할 수 있습니다. 각 교회 상황에 따라 순서에 상관없이 책을 자유롭게 선택하여 사용 가능합니다. 과정을 계속 이어가기를 원하면 "아름다운 십대 성경공부 시리즈"(3년차)와 연관하여 사용할 수 있습니다.

차례

■ 성경 전체 지도 ■

광야시대—정복시대—사사시대의 파노라마
(출애굽기 19-40장, 레위기, 민수기, 신명기, 여호수아, 사사기)

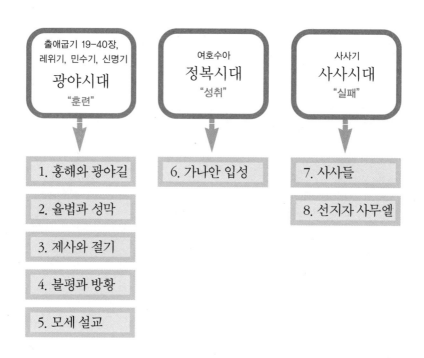

출애굽기 19-40장,
레위기, 민수기, 신명기
광야시대
"훈련"

여호수아
정복시대
"성취"

사사기
사사시대
"실패"

1. 홍해와 광야길

2. 율법과 성막

3. 제사와 절기

4. 불평과 방황

5. 모세 설교

6. 가나안 입성

7. 사사들

8. 선지자 사무엘

■ 성경 여행 지도 ■

정복시대

사사시대

광야시대

■ 한눈으로 보는 **광야시대**
(출애굽기 19-40장, 레위기, 민수기, 신명기)

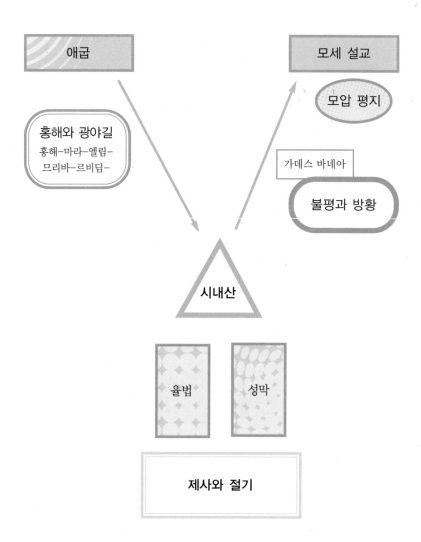

01

홍해와 광야길

중심인물 : 모세

하나님의 은혜로 극적으로 애굽에서 탈출한 이스라엘 백성들은 이제 가나안 땅을 향해 광야의 행진을 합니다. 이들은 한번도 가보지 않은 약속의 땅을 향해 하나님만 의지한 채 나아갑니다. 그때 나온 백성들 중 유아를 제외한 장정의 수가 약 60만 명이고, 많은 가축들이 뒤를 따랐습니다(출12:37-38). 생각하면 이 대열은 엄청난 대군입니다. 이들이 광야에서 먹고 살려면 하나님의 도우심이 아니면 불가능합니다. 모세의 힘으로는 도저히 해결할 수 없는 일입니다.

① 애굽을 떠나는 이스라엘

● 하나님이 이스라엘 백성들을 인도하실 때, 가나안 땅으로 가는 지름
   길을 택하지 않은 이유는 무엇입니까?

─출13:17

_____

_____

● 애굽을 떠나는 이스라엘 백성들의 모습은 어떠했습니까?

─출13:18-19

   애굽에서 가져온 것은?

   _____

   _____

─출13:21-22

   낮에는 (   )으로, 밤에는 (   )으로

   🔵Tip 모세와 이스라엘 백성들은 요셉의 유골을 가지고 떠났습니다. 요셉의 유언에
   따라 가나안 땅을 목표로 긴 여정을 시작했습니다. 이들의 여정은 단순한 탈출이
   아닌 약속을 믿고 떠나는 꿈의 행진이었습니다. 오직 하나님의 인도하심만 믿고 떠
   나는 모습은 오늘날 그리스도인의 인생 여정과도 같습니다.

2 홍해 건넘

● 바로의 군대가 쫓아오는 모습은 어떠했습니까?

—출14:6-8

_____

_____

● 이스라엘 백성들의 원망의 내용은 무엇입니까?

—출14:10-12

_____

_____

● 하나님이 홍해를 가른 모습은 어떠했습니까?

—출14:13-14

_____

—출14:21-22, 29-30

_____

● 구원에 대한 이스라엘 백성들의 찬송 내용은 무엇입니까?

—출15:21

_____

Tip 이스라엘 백성들은 홍해를 기적으로 건너게 됩니다. 인간의 힘으로는 도저히 건널 수 없는 장애물을 하나님의 도우심으로 통과했습니다. 반면에 애굽 군대는 물 속에 수장되면서 모두 패배하게 됩니다. 믿음의 사람에게는 구원의 날이지만 하나님을 거부한 사람에게는 패배의 날입니다. 홍해의 사건은 이스라엘 전 삶을 지배하는 구원사건입니다. 나에게도 홍해와 같은 구원사건이 있습니까?

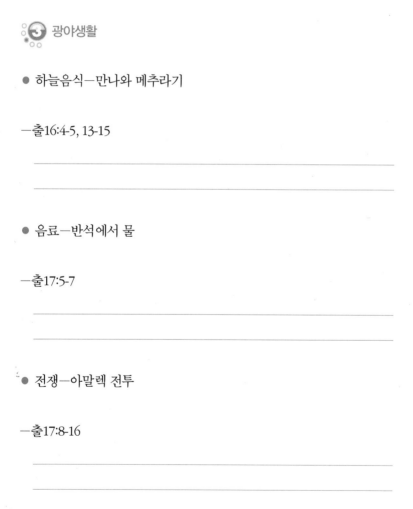

광야생활

● 하늘음식─만나와 메추라기

─출16:4-5, 13-15

● 음료─반석에서 물

─출17:5-7

● 전쟁─아말렉 전투

─출17:8-16

● 조직—이드로 조언

—출18:20-26

_____

_____

Tip 하나님의 구원은, 이스라엘 백성들을 낮에는 구름기둥으로 인도하시고 밤에는
불기둥으로 비추시어 주야로 진행됩니다. 이스라엘 백성은 하나님이 날마다 내려
주시는 하늘의 양식인 만나와 메추라기로 허기진 배를 채우고, 모세가 지팡이로 반
석을 두드려 생긴 물로 목마름을 기적적으로 해결합니다. 주변의 적들과도 하나님
이 함께하심으로 능히 이기게 됩니다. 그리스도인의 삶은 하나님에게 주도권이 있
습니다. 우리는 하나님의 은혜 없이는 단 하루도 살아갈 수 없습니다.

말씀과 삶

1. 이스라엘이 애굽에서 구원받은 것처럼, 나는 죄악으로부터 구원받은 것을 얼마나 가슴으로 체험하고 있습니까?

_____

_____

2. 우리의 인생 여정은 이스라엘 백성들의 광야생활과 같습니다. 현재 나에게 있는 만나와 메추라기, 반석의 물, 그리고 주변 적들과의 싸움은 어떤 것인지 말해 보십시오. 그것을 이길 수 있는 방법은 무엇입니까?

_____

_____

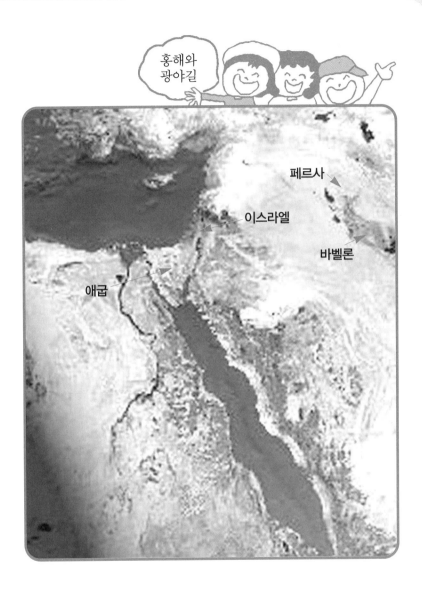

02

율법과
성막

중심인물 : 모세, 아론

애굽을 탈출한 이스라엘 백성들은 광야를 거쳐, 드디어 사흘째 되는
날 시내산에 이르게 됩니다. 시내산은 모세가 하나님께 처음 부름을
받았던 장소입니다(출3:12). 그 장소로 다시 모세가 돌아 온 것입니
다. 이제는 혼자가 아닌 300만 명이나 되는 이스라엘 백성을 이끌
고 돌아 왔습니다. 모세로서는 도저히 생각지 못한 일이 하나님의
은혜로 성취된 것입니다. 하나님은 왜 이곳으로 인도하셨을까요? 그
것은 하나님의 거룩한 백성을 만들기 위해서입니다. 하나님이 준비
한 시내산 학교에 입소한 것입니다. 시내산의 거룩한 학교에서 이수
할 과목은 크게 두 가지입니다.

율법

● 하나님의 율법은 완전합니다(시19:7-11). 하나님은 흠이 있는 인간
들에게 완전한 율법을 주심으로, 그 법을 지켜 하나님처럼 인간이 완
전함에 이르기를 요구하십니다. 이스라엘 백성에게 주신 기본적인
열 가지 계명은 무엇입니까?

─출20:1-17

	계명 (긍정)		계명 (부정)
1	유일신	6	살인
2	우상	7	간음
3	이름	8	도적질
4	안식일(증거)	9	거짓증거
5	부모공경	10	탐욕

● 열 가지 계명 외에도 하나님의 자녀로서 지켜야 할 여러 가지 계명
들을 주셨는데, 그 중 몇 가지를 말해 보십시오.

─출21:2, 12-14, 15-17, 22-25 (안식년, 살인하는 사람, 부모를 함부로 대
하는 사람, 상해를 입혔을 때)

―출22:16-20, 25-27, 23:14, 17 (결혼법, 이자법, 절기법)

> 🔵Tip 시내산에서 모세에게 주어진 계명은 하나님의 완전한 율법입니다. 하나님이
> 율법을 주신 것은 인간들이 이것을 다 지켜 당신의 뜻에 이를 수 있음을 보여 주는
> 것이 아니고, 율법을 통하여 인간이 완전해질 수 없는 연약한 죄인임을 깨닫게 하
> 기 위해서입니다. 율법은 우리의 실체를 그대로 보여 주는 거울과도 같습니다. 이것
> 은 우리의 죄를 깨닫게 하고, 우리를 주께로 향하게 하며 회개에 이르게 하는 역할
> 을 합니다. 법을 통해서 자신에게 의지하기보다는 하나님께 더욱 의지하기 위한 것
> 입니다.

2 성막

● 모세는 하나님으로부터 성막 건립에 대한 계획을 지시받습니다. 하
나님은 성막에 대한 재료와 규격, 모양 등 자세한 부분을 가르쳐 주
십니다. 성막은 누구를 위하여, 왜 짓습니까?

―출25:8-9, 30

> 🔵Tip 성막은 하나님의 임재의 장소입니다. 이스라엘 백성들은 하나님이 임재하시는
> 성막에서 자기의 죄를 씻고 제사를 통해 회개하며, 하나님과 화해를 합니다. 율법을
> 지키지 못하는 인간에게 성막은 아주 중요한 곳입니다. 왜냐하면 죄를 해결하는 장
> 소이기 때문입니다.
> 하나님은 인간의 죄를 해결하는 방법으로 성막을 주셨고, 그곳에서 하나님과의 만
> 남으로 인간이 새롭게 회복되기를 원하셨습니다.

● 성막은 크게 세 부분으로 나누는데, 그 내용을 말해 보십시오.

1) 성막 뜰

—출27:9, 40:29-32

_____

_____

🔵 성막 뜰에는 불에 태운 제물을 바칠 놋으로 된 제단이 있고, 제사장이 직분을 수행하러 가기 전에 손을 씻는 물두멍이 준비되어 있습니다.

2) 성소

—출40:22-27

_____

_____

🔵 성소에는 황금 촛대와 진설병을 올려놓은 떡상과 분향단이 있습니다.

3) 지성소

—출40:17-21

_____

_____

🔵 지성소는 제사장이 속죄의 피를 뿌리기 위해 일 년에 한 번 들어갈 수 있는 거룩한 장소입니다. 그리스도의 몸을 상징하는 휘장이 드리워져 있고 그 안에는 하나님의 임재를 상징하는 언약궤가 있습니다.

● 성막을 건축한 곳에 입하는 하나님의 영광과 이스라엘의 모습을 말해 보십시오.

—출40:34-38

_____

_____

(Tip) 오늘날 우리 교회와 우리 자신은 하나님이 임재하시는 성막과 같은 곳이고, 하나님의 영광을 드러내는 거룩한 성소입니다. 하나님은 교회와 나를 통하여 하나님의 영광을 드러내기를 간절히 원하십니다. 우리는 세상 속에서 빛과 소금으로 사명을 다해야 합니다. 하나님을 보여 달라고 하는 세상 사람들에게 빛 된 하나님을 보여 주는 성막으로서의 역할을 감당해야 합니다. 과연 우리 교회는, 나는 세상 사람들에게 하나님의 이름이 드러나고 영광이 나타나는 성막으로서 어느 정도 부끄럽지 않은 삶을 살고 있습니까?

말씀과 삶

1. 나는 성경을 읽고 지키는 것을 무엇이라 생각합니까?

   1) 귀찮은 짐이다 (   )
   2) 그리스도인으로서 지켜야 할 의무이다 (   )
   3) 우리의 선한 행위를 나타내는 기준이요, 지침이다 (   )
   4) 우리의 경건과 의로움을 나타내는 증거요, 표시이다(   )
   5) 나의 능력과 가능성을 확인해 보는 좋은 나침반이다 (   )
   6) 나의 부족함을 깨닫고 하나님을 더욱 의지하기 위함이다 (   )

2. 구약의 성막은 성전으로 이어졌고, 오늘날 교회 그리고 그리스도인
   자신으로 이어져 내려오고 있습니다. 지금도 하나님은 당신의 영광
   을 나타내기를 원하시는데, 나를 통하여 우리 교회를 통하여 나타내
   기를 원하시는 모습은 어떤 것인지 찾아보십시오.

   _____

   _____

광야에 세운
성막

03

제사와
절기

중심인물 : 모세, 아론

하나님은 이스라엘 백성을 구별하여 죄악 된 애굽에서 구원하여 다른 민족들과는 다른 모습으로 살게 하셨습니다. 이것의 구체적인 방법이 바로 예배입니다. 하나님은 이스라엘 백성들에게 예배를 통하여 거룩하신 하나님을 구체적으로 섬기고 경배하는, 거룩한 삶을 가르치십니다. 레위기는 바로 이것을 실제적으로 가르쳐 주는 책입니다. "내가 거룩하니 너희도 거룩하게 하라"(레11:44)는 말씀은 거룩하신 하나님을 예배하면서 우리가 어떻게 거룩해질 수 있는지를 보여 줍니다.

제사(예배)

● "죄된 인간이 어떻게 거룩한 하나님과 만남을 이룰 수 있는가?"
이것을 가능케 하는 것이 바로 제사입니다. 우리는 제사를 통하여
하나님께 나아갈 수 있는데, 이것을 위해 하나님이 마련해 놓으신 다
섯 가지 제사를 말해 보십시오.

1) 번제 (1장)─전체를 온전히 드리는 복종의 삶.

─레1:3-9

2) 소제 (2장)─고운 가루로 매일 드리는 봉사의 삶.

─레2:1-2, 4, 14

3) 화목제 (3장)─소에 있는 기름을 취하여 드리고 나머지는 각자 자기
의 몫으로 가지는 교제와 평안의 삶.

─레3:3-5, 7:15-16

4) 속죄제 (4장)—속죄를 위한 것으로써 제사를 드리는 모든 사람이 나오는 것이 아닌 자기 죄를 깨닫는 자만이 앞으로 나오는, 죄를 깨닫는 삶.

—레4:2-3, 13-15

---

5) 속건제 (5장)—알면서도 고의적으로 죄를 지은 사람이 드리는 것으로 만족한 삶.

—레5:15-19

Tip 사람들은 자기가 지은 죄에 대해서 용서받기를 원합니다. 죄를 용서받지 못하고 그대로 있으면 우리는 심한 양심의 가책으로 괴로움을 받습니다. 어떤 사람은 착한 일을 행함으로써 죄를 용서받을 줄로 생각합니다. 또 어떤 사람은 제단에 제물을 바치고 헌금을 많이 하면 그것이 해결될 것이라고 생각합니다. 그러나 인간이 죄를 용서받는 길은 오직 하나입니다. 하나님의 법은 "죄의 삯은 사망"(롬6:23)입니다. 그렇다면, 희생제물로 죽어 피를 흘리는 것이 죄를 용서받는 길입니다. 현실적으로 사람이 죽는 것은 어렵기에 짐승의 피로 대신하였습니다. 하지만 그것은 일시적인 방법은 될지 몰라도 영원한 방법은 아니었습니다. 하나님은 죄악 된 인간이 단번에 용서받는 길로서, 동물이 아닌 바로 인간이신 예수 그리스도를 십자가에서 죽게 함으로 해결하셨습니다. 가장 완전하고 확실한 제사는 예수 그리스도를 대속물로 바친 십자가의 제사입니다. 구약의 제사는 이런 온전한 제사의 모형입니다. 세상의 모든 죄를 지고 스스로 피를 흘려 죽은, 화목제물이 되신 예수 그리스도를 믿고 그 앞에 경배하는 자만이 죄를 완전하게 용서받을 수 있습니다. 나는 이런 십자가의 대속의 은혜를 얼마나 깊이 느끼며 매주일 주 앞에 나와 예배합니까?

2 제사장

● 하나님께 제물을 바치는 일은 백성들이 직접 할 수 없었습니다. 백성들이 제사장에게 제물을 가져가면 제사장이 그것을 하나님께 드렸습니다. 제사장이 제사를 드리는 모습을 말해 보십시오.

―레1:5-8, 9:7

_____

_____

● 제사장의 몸가짐은 다른 백성들과 구별되었습니다. 그 내용은 어떠한지 말해 보십시오.

―레21:1-8

_____

_____

Tip 우리의 죄를 대신하여 하나님께 나아가서 온전한 제사장의 역할을 할 분은 예수 그리스도 뿐이십니다. 인간은 어느 누구도 이일에 완전할 수 없습니다. 왜냐하면, 자기 스스로 그 죄의 값을 치러야 하기에 누구를 대신하여 죄를 가지고 하나님께 나아갈 수 없습니다. 우리의 죄를 아뢰고 맡길 수 있는 분은 오직 예수 그리스도 한 분이십니다. 주님은 자신이 친히 제물이 되어 스스로 제사장으로서 하나님께 나아가셨습니다(히2:17). 오늘날 우리가 드리는 예배는 이런 의미에서 완전한 예배입니다. 혹시 예수 그리스도 없는 예배를 드리는 것은 아닌지, 아니면 인간의 즐거움과 안식을 위한 예배는 아닌지 살펴보아야 합니다. 나는 왜 예배하러 갑니까? 무슨 생각을 가지고 예배에 참여합니까? 예수 그리스도의 희생의 제사가 있음으로 해서 우리의 예배는 안식과 평안과 축제가 됨을 얼마나 믿습니까?

³ 절기

제사장이 백성들의 희생 제물을 하나님께 대신 바칠 때 비로소 백성들의 죄는 용서받습니다. 그러나 이런 제사는 아무 때나 드리는 것이 아니라 매주일 지키는 안식일과 정해진 절기에 따라 드렸습니다. 이스라엘은 다섯 가지 큰 절기가 있습니다. 이때 가장 중요한 것은 희생 제사를 드리는 일입니다.

● 안식과 절기의 내용에 대해서 말해 보십시오.

안식에 대해서

1) 안식일

─레23:1-3

---

2) 안식년

─레25:1-7

---

3) 희년

─레25:8-12

_____

_____

절기에 대해서

1) 유월절

─레23:4-5

_____

_____

무교절

─레23:6-8

_____

_____

2) 오순절

─레23:15-21

_____

_____

3) 나팔절

— 레23:23-25

_____

_____

4) 속죄일

— 레23:26-32

_____

_____

5) 초막절

— 레23:33-36

_____

_____

Tip 현재 우리는 이스라엘이 지켰던 이런 절기를 지금은 지키지 않습니다. 그러나 이와 비슷한 것으로 주일과 사순절, 부활절, 성탄절, 감사절, 성령 강림절은 지키고 있습니다. 이스라엘의 절기와 같은 정신을 가지고 있는 이런 절기는 그리스도의 희생의 의미를 생각하며 우리의 삶에 적용하도록 해야 합니다. 서로 화해하고 교제하고 한 몸 된 지체를 느끼며, 그리스도 안에서 안식과 평등함을 체험하는 주일과 절기로 승화해야 할 것입니다. 이런 의미에서 성찬식은 그리스도의 희생의 의미를 생각하는 중요한 생명 나눔의 시간입니다. 하나님과 이웃이 함께하는 축제의 절기가 되도록 해야 할 것입니다.

말씀과 삶

1. 나는 지금 예배 때마다 그리스도의 대속의 희생을 얼마나 깊이 느끼며 감사하고 있습니까?

_____

_____

2. 우리의 안식일과 절기가 진정한 의미에서 하나님과 이웃과의 화해가 이루어지는 축제와 잔치가 되기 위해 고쳐야 할 점 하나를 말해 보십시오.

_____

_____

제사장의 흉패

04

불평과
방황

중심인물 : 모세, 아론, 미리암, 여호수아, 갈렙

하나님은 시내산에서 이스라엘을 위해 율법을 세우고 성막을 만들고 제사장을 세워, 노예생활을 청산하고 어엿한 외형적인 나라로서 이스라엘의 기틀을 만들었습니다. 한 국가로서 기틀이 만들어지기 위해서는 하나님의 질서를 세우는 것이 무엇보다도 중요했습니다. 300여만 명이나 되는 대가족들이 삭막한 광야생활을 해 나가는 것은 쉽지 않은 일입니다. 인간의 힘으로는 도저히 불가능한 일입니다. 아무것도 없는 사막 광야에서 이들이 먹고 마시고 옷을 입고 잠을 자고 하는 것은 보통 일이 아닙니다. 하나님의 인도가 없으면 한 발 자국도 옮기지 못할 광활한 사막의 생활입니다.

시내산에서 광야여행 준비

● 모세가 하나님의 명을 받아서 인구를 계수 하니 몇 명이었습니까?

─민1:45-46, 2:32-34

_____

_____

● 이스라엘 백성들의 광야여행의 모습은 어떠했습니까?

─민9:15-23

_____

_____

● 광야생활에서 백성을 소집하는 방법은 무엇입니까?

─민10:1-6

_____

_____

🔵 우리는 인간의 힘만으로 살아갈 수 없습니다. 그럼에도 불구하고 인간들은 착각 속에서 살아갑니다. 인간은 내일을 알지 못하는, 이정표 없는 길 위에 있는 존재입니다. 그럼에도 인간들은 고집스럽게 바른 길을 가고 있다고 착각합니다. 인생의 길은 인간의 힘이 아닌 하나님의 인도하심에 따라 나아가는 것입니다. 오늘도 광야 같은 세상에서 하나님의 도움으로 살아감을 깨닫고 늘 하나님의 은혜에 감사해야 합니다. 나를 인도하시는 하나님의 구름기둥과 불기둥이 보입니까? 혹시 내 힘으로 먹고 마신다고 생각하지 않습니까? 하나님이 힘을 주시지 않으면 우리는 아무것도 할 수 없습니다.

🄩 광야에서의 불평

● 이스라엘 백성은 광야생활 중에, 하나님의 은혜를 잊어버리고 하나님께 어떤 불평을 했습니까?

—민11:4-9

_____

_____

● 불평과 불만은 가까운 사람에게서 나옵니다. 모세의 가까운 사람들의 불평은 무엇이었으며, 그 결과는 어떠했습니까?

—민12:1-10

_____

_____

인간의 욕심과 만족은 끝이 없습니다. 이것은 하나님의 은혜를 잊어버리는 데서 오는 죄악입니다. 그동안 하나님이 보살펴 주신 은혜를 기억한다면 불평은 차차 사라지고 감사만 남게 될 것입니다.

🄩 가데스 바네아 사건

● 가나안에 정탐을 보낸 열두 명 중에 열 명은 부정적이었으나 여호수아와 갈렙은 긍정적인 믿음을 가지고 가면 정복할 수 있다고 자신감을 보였습니다. 백성들은 이 두 가지의 의견에 대해서 어떤 반응을 보였습니까?

─민14:1-10

_____

_____

● 이것에 대한 하나님의 징계는 무엇이었습니까?

─민14:26-38

_____

_____

> (Tip) 신앙생활에서 가장 큰 적은 불평과 원망입니다. 이스라엘 백성들은 하나님을
> 믿지 못하고 불평과 원망을 함으로써 광야의 힘든 방황은 계속되었습니다. 처음 시
> 내산에서 가데스 바네아까지는 은혜에 감격하는 기쁜 여행이었습니다. 하나님의 인
> 도하심으로 그들의 걸음걸이는 빨랐고 이제 약속의 땅까지 열하루만 가면 되었습니
> 다. 넉넉잡아 2~3주면 갈 수 있는 거리였는데(정탐꾼들이 40일 동안 왕복하여 가
> 나안을 다 정탐하였다), 불평과 원망과 두려움으로 그만 이스라엘 백성들은 40년이
> 라는 긴 세월을 방황하는 불운을 겪었습니다. 하나님의 은혜에 감사하지 아니하고
> 불평하는 사람들에게 내려진 하나님의 징계였습니다. 나는 지금 오늘 주어진 일에
> 얼마나 감사의 생활을 하고 있습니까? 혹시 원망과 불평, 그리고 불안과 두려움의
> 생활은 아닙니까?

● 이스라엘 백성들은 이러한 하나님의 징계에도 불구하고 하나님에
  대한 불평과 죄악을 쉬지 않았습니다. 이스라엘은 하나님의 어떤 징
  계를 받았습니까? 그 예를 찾아보십시오.

1) 므리바 물 다툼

─민20:2-13

_____

2) 놋뱀 사건

—민21:4-9

_____

_____

3) 모압 여자와 음행 사건

—민25:1-9

_____

_____

🔘 우리에게 있어서 가장 큰 적은 불평과 원망입니다. 불평과 원망은 언제나 가까운 사람에게서 시작됩니다. 불평은 끝까지 만족함을 모르는 인간의 욕심에서 나옵니다. 이것은 하나님을 온전히 신뢰하지 못하는 불신에서 나오는 것입니다. 인간의 불평은 한도 끝도 없고, 트집을 잡으려면 모두가 불평거리가 됩니다. 급속도로 번지는 불평과 원망의 병은 공동체를 파괴하고 이스라엘을 죄로 물드게 합니다. 한번 불평은 또 다른 불평을 낳고, 그것은 인간을 파멸시키는 무서운 병입니다.

말씀과 삶

1. 나는 나의 모든 생활이 하나님의 인도 속에서 기적적으로 살고 있음을 얼마나 느끼며 감사하고 있습니까? 매일의 생활이 즐겁습니까, 아니면 짜증스럽습니까?

_____

_____

2. 나에게 있는 불평과 변덕과 두려움의 요소를 찾아보고, 그 원인과 치유방법을 세워 보십시오.

_____

_____

광야의 모습

모세 설교

중심인물 : 모세

"신명(申命)"이란 율법이 반복되었다는 뜻입니다. 그래서 신명기를 "제2의 율법의 책"이라고 합니다. 이것은 모세의 설교(교육)로 이루어졌습니다. 그 내용은, 앞으로 가나안의 후세들은 이전의 선조들이 범한 죄악을 반복하지 말라는 의미에서 백성들에게 죄악된 것을 다시 상기시키고 있습니다. 주로 백성들이 알아야 할 것을 중심으로 말하고 있는 모세의 일인칭 설교입니다. 이스라엘을 이끌어 갈 새로운 세대들에게 120세의 노 지도자 모세가 유언으로 하나님의 말씀에 전적으로 순종할 것을 간절히 부탁하는 아름다운 모습이 담겨 있습니다.

① 과거 - 과거의 일을 되돌아보라

● 신명기는 가나안의 접경에서 겪었던 40여년의 회고록입니다. 이스
라엘이 하나님을 원망하고 불순종한 것의 결과가 얼마나 비참했는
지 그 내용을 말해 보십시오.

—신1:29-46, 2:7

_____

_____

—신4:2, 9-10

_____

_____

> **Tip** 우리에게 있어 과거를 회상하는 것은 중요한 가치가 있습니다. 신앙교육 가운
> 데 과거의 잘못을 살피는 것은 앞으로의 우리 생활에 큰 도움을 줍니다. 과거 회상
> 은 두 번 다시 잘못을 반복하지 않도록 하며, 하나님의 신실과 징계를 기억하게 하
> 고 주어진 환란을 잘 이기도록 합니다. 우리의 인생을 되돌아보면 말씀에 순종하지
> 않고 산 삶은 실패한 삶이었습니다. 당장은 성공한 것 같으나, 결국 말씀을 떠나서
> 내 마음대로 행한 삶은 비참한 방황의 삶이었음을 이스라엘 역사를 통해서 깨달을
> 수 있습니다. 이것은, 언제든 그 죄악이 반복될 때는 과거의 전철을 그대로 밟게 될
> 것임을 교훈하고 있습니다.

② 현재 - 우리에게 주신 것을 다시 쳐다보라

● 지금 이스라엘이 해야 할 일은, 주신 율법대로 배우며 그 말씀을 잘
지켜 행하는 일입니다. 중심이 되는 내용을 말해 보십시오.

―신6:4-9, 7:9-11

_____

_____

―신10:12-13

_____

_____

―신31:24-30

_____

_____

🔵 하나님은 과거의 선조들이 행했던 잘못된 행적들을 기록한 성경을 우리에게 주셨습니다. 그리고 말씀대로 순종하며 살았던 사람들의 축복된 생활의 지침이 말씀 안에 들어 있습니다. 성경은 하나님이 인간에게 주신 선물입니다. 지금 우리가 해야 할 가장 중요하고 시급한 일은 말씀을 자녀에게 가르치고 배우면서 말씀대로 사는 일입니다. 하나님의 기준으로 살 때만 하나님이 우리에게 복을 주십니다.

🔵 미래 – 약속과 꿈을 바라보며 앞으로 나아가라

● 약속하신 땅 가나안을 정복한 이스라엘이 앞으로 가나안 땅에 가서 염두에 두어야 할 일은 무엇입니까?

1) 순종하는 자에게 주는 복은?

―신28:1-6

_____

2) 불순종하는 자에게 임하는 저주는?

— 신28:15-19

_____

_____

3) 여호수아에게 부여된 사명은?

— 신31:5-8

_____

_____

🔵Tip 세상에서 승리하는 길은 하나님이 주신 말씀대로 사는 것입니다. 어떤 상황에서도 두려워하지 않고 담대히 말씀을 따라 살아가는 것이 쉽지는 않습니다. 왜냐하면 우리 안에는 여전히 하나님의 뜻을 거스르려는 인간의 욕망이 자리 잡고 있기 때문입니다. 하나님께 자신을 온전히 맡겼을 때 하나님은 우리를 주도하십니다. 우리의 미래는 하나님의 약속을 얼마나 바라보고 그 뜻대로 얼마나 사느냐에 따라 성패가 갈립니다.

말씀과 삶

1. 과거에 행했던 나의 잘못된 습관들이 아직도 나에게 영향을 끼치고 있는 것은 없습니까? 가장 뼈아프게 느꼈던 과거의 실수가 있으면 말해 보십시오.

_____

_____

2. 현재 나의 삶에 말씀은 어느 정도 비중을 차지하고 있습니까? 그리고 나는 얼마나 말씀에 순종하는 삶을 살아가고 있습니까?

_____

_____

머리와
손에 매는
말씀상자

■ 한눈으로 보는 정복-사사시대 (여호수아, 사사기)

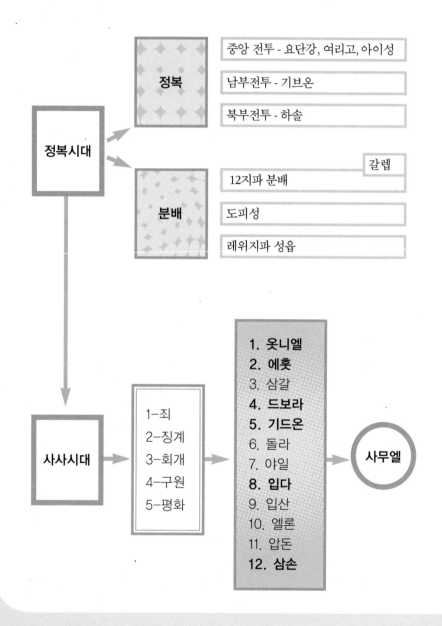

정복시대

정복
- 중앙 전투 - 요단강, 여리고, 아이성
- 남부전투 - 기브온
- 북부전투 - 하솔

분배
- 12지파 분배 ── 갈렙
- 도피성
- 레위지파 성읍

사사시대

1-죄
2-징계
3-회개
4-구원
5-평화

1. **옷니엘**
2. **에훗**
3. 삼갈
4. **드보라**
5. **기드온**
6. 돌라
7. 야일
8. **입다**
9. 입산
10. 엘론
11. 압돈
12. **삼손**

사무엘

06

가나안 입성

중심인물 : 여호수아

모세가 떠난 이스라엘에는 새로운 지도자 여호수아가 임명되었습니다. 40년 동안의 광야생활을 통하여 하나님을 의지하는 훈련을 한 이스라엘 백성들은 이제 그들의 목적인 가나안을 향해 진군하게 됩니다. 여호수아서는 이스라엘 백성이 어떻게 하나님이 약속한 땅 가나안을 정복할 수 있었는가를 보여 줍니다. 사실 이스라엘 백성들은 무장한 군인들이 아니었습니다. 그들의 힘으로는 이미 가나안에 거주한 여러 족속들을 이길 수 없었습니다. 그럼에도 그들은 그동안 다진 하나님에 대한 믿음으로 그 땅을 정복하고 땅을 차지하게 됩니다.

🔵 정복

● 여호수아는 자기 힘으로 감당할 수 없는 거대한 약속과 임무를 부여 받으면서 하나님으로부터 받은 승리와 위로의 말씀은 무엇입니까?

─수1:1-9

_____

_____

> 📌 그리스도인은 세상에 이끌리는 삶을 살지 않습니다. 우리에게는 세상을 이끌 어 가는 사명이 있습니다. 우리가 사는 세상은 그리스도인이 정복해야 할 가나안과 같습니다. 이미 세상은 가나안을 정복하고 있던 바알의 우상들처럼 악한 사단의 지 배 하에 있습니다. 그리스도인은 하나님의 약속을 가지고 타락된 세상을 하나님의 나라로 바꾸어야 합니다. 두려워 말고 담대히 말씀을 붙잡고 여호수아처럼 나아가 야 합니다.
> 우리가 세상을 정복하지 않으면 세상이 우리를 정복합니다.

● 여호수아는 백성들을 무장시켜서 요단강을 건너기 전에 정탐꾼을 먼저 보냈는데, 여리고에서 만나 도움을 얻은 사람은 누구입니까?

1) 여리고 정탐

─수2:1-7

_____

_____

● 여호수아와 백성들은 첫 번째 장애물인 요단강을 어떻게 건넜습니 까?

2) 요단강 건넘

―수3:14-17

_____

_____

● 이스라엘 백성들은 두 번째 장애물인 여리고성을 어떻게 함락시켰
습니까?

3) 여리고 무너짐

―수6:15-21

_____

_____

● 이스라엘 백성들이 동맹군 아모리 사람들을 어떻게 이겼습니까?

4) 기브온 전투

―수10:6-14

_____

_____

🅣🅘🅟 여호수아와 이스라엘 백성들이 가나안 땅을 정복할 수 있었던 것은 하나님에
대한 믿음 때문이었습니다.
이스라엘 백성들은 육체적인 힘이 부족하고 잘 훈련된 병사들도 아니었습니다. 가
나안을 정복하는 것은 그들의 힘으로는 불가능한 일이었습니다. 그러나 그들은 믿
음으로 그것을 잘 이겨 냈습니다. 물이 넘치도록 흐르는 요단강을 믿음으로 건넜습

니다. 여리고성도 7일 동안 일곱 바퀴를 믿음으로 돌면서 무너뜨렸습니다.
하나님이 하시면 불가능한 일은 없습니다. 우리도 오직 하나님만을 의지하고 세상
의 불가능해 보이는 일에 도전하는 믿음이 필요합니다.

 분배

여호수아는 이스라엘 백성들을 이끌고, 하나님의 도움만으로 가나안에
있는 여러 족속들을 무찌르고 가나안을 비로소 정복했습니다. 그리고
가나안 땅을 각 지파들에게 제비를 뽑아 분배했습니다.

● 땅을 분배하는 과정에서 이전에 약속했던 믿음을 기억하고, 이 산지
  를 내게 달라고 말한 사람은 누구입니까? 이것은 다른 지파들에게
  어떤 의미가 있습니까?

─수14:6-12

_____

_____

Tip 여호수아는 모든 땅을 정복하지 않고 남은 땅은 각자의 믿음으로 정복하게 했
습니다. 이것의 좋은 예가 갈렙입니다. 나이에 상관하지 않고 하나님을 향한 믿음으
로 그 땅을 정복한 것은 우리에게 큰 교훈을 줍니다.

● 부지중에 실수한 사람을 보호하기 위해서 특별히 세운 여섯 개의 도
  피성은 어디에 있습니까?

─수20:1-9

_____

● 레위 사람들에게 준 것은 무엇입니까?

―수21:1-3

_____

_____

> (Tip) 정복한 땅을 분배하는 일은 정복하는 일만큼 쉽지 않습니다. 사람에게는 욕심이 있기에 만족함이 없습니다. 그런 이유로 제비뽑기를 통하여 각자에게 하나님이 맡겨주신 땅을 분배받게 됩니다. 이것은 창세기 마지막에 나오는 야곱의 아들들에 대한 예언을 성취하는 의미가 있습니다. 땅 분배의 제비뽑기를 보면 그냥 하는 것 같지만 야곱의 예언이 그대로 성취되는 결과를 냅니다. 우리가 가는 모든 길은 우리가 알지 못해도 결국은 하나님의 손에서 움직입니다.

세겜 언약

● 여호수아가 세겜에 모인 백성들에게 유언으로 말한 설교의 핵심은 무엇입니까?

―수24:1, 14-18

_____

_____

> (Tip) 세상에서 성공의 방법은 오직 하나입니다. 하나님만 섬기며 하나님의 뜻을 따라 행하는 것입니다. 인간의 생각대로 살아가는 것은 잠시는 성공이지만 결국은 실패할 수밖에 없습니다. 힘들어도 하나님을 섬기면서 하나님을 사랑하는 것이 최고의 성공 비결입니다.

말씀과 삶

1. 잃어버렸던 축복을 다시 정복하고 되찾기 위해서 내가 해결해야 할 장애물은 무엇이며, 그것을 이겨내기 위해서 구체적으로 어떤 일을 해야 합니까?

   _____

   _____

2. 나에게 주신 하나님의 약속과 기업은 무엇입니까? 혹시 우리에게 주신 하나님의 약속을 잃어버린 것은 없습니까?

   _____

   _____

가나안의 7가지 식물

포도 / 무화과 / 석류 / 밀과 보리 / 올리브 / 대추

07

사사들

중심인물 : 사사

이스라엘 백성들은 드디어 400여년의 노예생활과 40여년의 광야의 천막생활과 방황을 모두 청산하고 가나안 땅을 정복했습니다. 하나님이 오래전 믿음의 조상인 아브라함에게 주셨던 약속의 땅에 하늘의 별과 땅의 모래처럼 많은 떼를 이루어 하나의 국가로서 정착하게 되었습니다. 그동안 아브라함이란 한 족장으로 시작하여 300만 명이 넘는 거대한 나라를 이루게 된 것은 실로 대단한 역경의 드라마였습니다. 나라 없이 떠돌던 이스라엘 백성들은 이제 땅을 차지함으로써 어엿한 나라의 모습을 갖추게 되었습니다. 사사기는 바로 이때의 400여년간을 기록한 책입니다.

죄 – 징계 – 회개 – 구원 사이클

● 가나안 땅에 정착한 이스라엘 백성들의 문제점은 무엇이었습니까?

1) 첫째 문제

—삿1:19-21

_____

_____

2) 둘째 문제

—삿2:11-15

_____

_____

● 하나님은 이스라엘 백성들이 잘못을 인정하고 언제라도 회개하기만 하면 사사를 보내 구원을 행하셨습니다. 그 구원의 모습은 어떠했습니까?

—삿2:16-18

_____

_____

—삿3:8-9

_____

Tip 죄는 하나님이 없는 데서 생깁니다. 하나님 중심으로 살지 못하고 각각 자기의 소견대로 행할 때 인간의 죄악은 더욱 번성하게 됩니다. 이스라엘은 보이지 않는 하나님의 통치를 받고 살아야 하는데, 그들은 보이는 인간의 왕이나 지도자를 의지하게 됩니다. 사사시대는 인간 스스로 왕이 되는 시대였습니다. 여기서 우리는 보이지 않는 하나님을 따르며 산다는 것이 얼마나 어려운가를 알 수 있습니다. 인간의 통치가 아닌 하나님의 통치를 받는다는 것이 죄악 된 인간으로서는 거의 불가능함을 알 수 있습니다.

2 일곱 번에 걸친 반복적인 반역

● 이스라엘 백성들은 약 400여년 동안 일곱 번 하나님을 저버리는 행위를 함으로써, 일곱 번의 이방 사람으로 하여금 압박의 괴로움을 당했고 사사들을 통하여 일곱 번 구원을 받았습니다. 그 중에 몇 가지 대표적인 사건을 말해 보십시오.

1) 세 번째 압박 / 이스라엘이 저지른 죄악은 무엇이며, 여자 사사는 누구입니까?

— 삿4:1-6

_____

_____

2) 네 번째 압박 / 이스라엘이 저지른 죄악은 무엇이며, 미디안을 물리친 사사는 누구입니까?

— 삿6:7-16

_____

3) 기드온 전투 장면은 어떠했습니까?

─삿7:19-23

_____

_____

4) 일곱 번째 압박 / 이스라엘이 저지른 죄악은 무엇이며, 구원한 사사
는 누구입니까?

─삿13:1, 5, 15:14-20

_____

_____

─삿16:27-31

_____

_____

Tip 이스라엘은 일곱 번에 걸쳐서 내란과 이방의 압제를 받습니다. 그것은 모두 하나님을 불순종함으로 나타난 하나님의 징계였습니다. 그러나 그때마다 이스라엘 백성은 하나님께 부르짖었고 하나님은 회개의 소리를 듣고 용서하시며, 즉시 사사를 보내 구원하셨습니다. 하나님 배신 ─ 하나님 징계 ─ 인간의 회개 ─ 하나님 구원의 사이클이 약 400년 동안에 일곱 번이나 계속됩니다. 죄 ─ 징계 ─ 회개 ─ 구원의 사이클은 사사시대뿐 아니라 모든 인류 역사에 적용되는 과정입니다.

3 하나님을 거부하는 인간의 타락

● 하나님의 계속적인 용서와 구원에도 불구하고 이스라엘 백성들은

하나님을 떠나는 죄를 계속 저지릅니다. 죄악 된 모습 세 가지를 말해 보십시오.

1) 신앙의 타락

―삿17:6-8

_____

_____

2) 도덕적 타락

―삿19:1-3

_____

_____

3) 정치적 타락

―삿21:1-6, 25

_____

_____

🔵 가나안 땅에 들어간 이스라엘은 하나님을 잊어버리고 결국 깊은 타락으로 빠져들었습니다.
하나님을 주인으로 섬기기보다는 가나안의 우상인 바알을 섬겼습니다. 이러한 신앙의 실패는 결국 이스라엘에게 고통을 안겨주었습니다. 그러나 실패는 순종을 이끌기 위한 하나님의 또 다른 축복의 통로이기도 했습니다. 우리는 여기서 인간의 계속되는 죄악으로 인한 실패와 아울러 계속되는 회개로 인한 하나님의 용서를 발견하게 됩니다. 징계하시되 끝까지 용서하시며 참으시는 하나님의 자비의 마음을 읽으면 우리는 큰 위로를 얻습니다.

말씀과 삶

1. 나에게 있는 영적 잡초들과 쉽게 사라지지 않는 거친 인간의 고집과 자기중심적인 생각을 찾아보십시오.

---

2. 하나님의 징계는 멸망하기 위한 것이 아니라 언제나 더 나은 발전을 위한 연단입니다. 하나님을 바라보게 하는 구원의 시발점입니다. 현재 나에게 있는 고난과 하나님의 징계가 있으면 찾아보고, 그것을 이기기 위한 방안을 이야기해 보십시오.

선지자

사무엘

중심인물 : 사무엘

타락한 암흑의 사사시대를 마무리하면서 새로운 시대를 준비하는 한 사람이 나타나는데, 그가 바로 사무엘입니다. 사무엘은 마지막 사사로서 신정 정치에서 왕정 정치로 이어지는 중요한 연결고리입니다. 인간의 이기심과 의도적인 하나님의 거부 현상이 가득 찬 죄악 된 세상은 사사시대의 잔재를 완전히 벗어 던지지 못하고 사무엘이 통치하는 시대에도 여전히 혼탁한 모습으로 나타나고 있습니다.

08

🔵① 소년 사무엘

● 사무엘의 어린 시절을 말해 보십시오.

―삼상1:20, 28

_____

_____

―삼상2:11, 18, 26

_____

_____

―삼상3:19

_____

_____

> Tip 사무엘은 하나님이 구별하신 사람입니다. 어릴 때부터 하나님을 사랑하며 하
> 나님과 깊은 교제를 가졌던 사람이었습니다. 어려운 시대를 위해 준비된 하나님이
> 었습니다. 어릴 때부터 하나님을 닮아 가는 훈련은 미래의 리더로서 중요한 준비가
> 됩니다.

🔵② 기도의 사람

사무엘은 최후의 사사이면서 최초의 선지자입니다. 그는 지금의 신학
교 같은 선지학교를 만들어 주의 종들을 길러 내는 일을 했습니다. 기
도의 사람으로 언제나 하나님과 교제를 쉬지 아니하며 하나님의 뜻을

백성에게 전하였습니다. 왕이 없는 사사시대에 사무엘은 왕으로서, 제사장으로서, 선지자로서 삼중적인 사명을 감당하며 이스라엘을 이끌어 갔습니다. 한 나라의 미래는 정부 관리에게 달려 있는 것이 아닌 믿음의 사람에게 달려 있습니다.

● 사무엘은 하나님의 충성된 사람이었습니다. 사무엘의 중요한 특징을 말해 보십시오.

1) 기도의 사람

―삼상12:19-23

_____

_____

2) 기도의 능력으로 나라를 지켜냄

―삼상7:5-10

_____

_____

3) 백성으로 하여금 우상을 버리게 함

―삼상7:15-17

_____

_____

Tip 기도하는 것은 하나님을 의지하는 것을 뜻합니다. 우리는 기도하기를 쉬는 순간 자기를 의지하게 됩니다. 기도는 항상 해야 합니다. 어쩌다 하는 기도는 하나님이 절대적이지 않다는 말과도 같습니다. 사무엘은 "기도하는 것을 쉬는 것은 죄"라고 말했습니다. 이미 기도가 멈춰 버린 삶은 하나님과 교제가 끊어진 삶입니다. 기도를 쉰다는 것은, 곧 하나님을 망각하고 사는 생활을 의미합니다.

왕을 요구하는 백성들

● 하나님은 당신이 선택한 이스라엘만큼은 이방 나라들과는 다른 방식으로 나라가 형성되어 나가길 원하셨습니다. 하나님이 원하시는 나라 통치 방식은 무엇입니까?

―삼상8:4-9

● 결국 하나님은 끈질긴 백성들의 요구에 어떻게 반응하십니까?

―삼상8:19-22

Tip 이스라엘 백성들은 하나님이 직접 통치하시는 방식에 불만이 많았습니다. 그것은 이방처럼 왕 중심의 나라가 아니기에 언뜻 나라가 힘이 없어 보이는 것과 자기 대신 나가서 싸울 지도자가 없는 것에 대한 불만이었습니다. 그래서 그들은 왕을 요구했습니다. 보이지 않는 하나님의 통치를 받는 것보다는 인간들이 만든 보이는 왕에게 통치를 받으면서 강력한 나라가 되기를 희망합니다. 그들은 왕의 노예가 된다고 해도 자기를 위해서 싸워줄 왕이 있는 편이 행복하다고 불평합니다. 왕 중의 왕이신 하나님을 섬기며 그 통치를 직접 받는 것이 가장 좋은 것임에도 악한 인간들은 그것을 알지 못했습니다.

4 사무엘의 사명

● 사무엘이 나이가 많아 사사로서 사역을 그만두게 되면서 마지막으로 이스라엘 백성들에게 간절히 부탁한 내용은 무엇입니까? 이것을 확인하는 의미에서 징표로 주신 일은 무엇입니까?

—삼상12:13-18

_____

_____

● 사무엘의 중요한 사명은 이스라엘 왕국을 세우는 일이었습니다. 사무엘의 세움을 받은 왕들은 누구입니까?

—삼상10:1

_____

_____

—삼상16:1, 11-13

_____

_____

Tip 사무엘은 하나님을 저버리고 인간의 왕을 요구하는 백성을 위해 마지막까지 자기의 사명을 다합니다. 사무엘은 하나님의 말씀을 전하고 가르치고 기도하는 일을 쉬지 않았습니다. 사무엘은 무너져 가는 이스라엘을 걱정하며 왕에게 기름 붓는 일을 합니다. 나라를 걱정하며 자기의 사명에 최선을 다하는 사무엘의 모습은 우리가 바라보아야 할 모습입니다.

말씀과 삶

1. 내 인생의 주인은 누구이십니까? 나는 주인이신 주님께 어떻게 순종
   하여 인도하심을 받고 살아갑니까?

   _____

   _____

2. 우리는 어떻게 기도를 쉬지 않고 살 수 있습니까? 실제 방법의 예를
   들어 말해 보십시오.

   _____

   _____

토라 말씀의 두루마리

저자 이대희 목사

장로회신학대학교 신학대학원(M.Div)과 연세대학교 연합신학대학원(Th.M)을 졸업하고 에스라성경대학원대학교에서 성경학박사(D.Liit) 과정을 마쳤다. 예장총회교육자원부 연구원과 서울장신대 교수와 겸임교수를 역임했으며, 분당에 소재한 대안학교인 독수리 기독중고등학교에서 청소년에게 성경을 수년 동안 가르쳤다. 극동방송에서 〈알기 쉬운 성경공부〉〈기독교 이해〉〈크리스천 가이드〉〈전도왕백서〉〈습관칼럼〉 등 신앙양육 프로그램을 진행했다. 저자는 성경공부와 성경교육 전문사역자로 지난 25여 년 동안 성서사람·성서교회·성서한국·성서나라의 모토를 가지고 한국적 성경교육과 실천사역을 위한 집필과 세미나, 강의사역 등을 하고 있다. 현재 바이블미션 대표와 예즈덤성경교육원 원장, 꿈을주는교회 담임목사로 있다. 저서로는 『30분 성경공부』 시리즈, 『아름다운 십대 성경공부』 시리즈, 『투데이 성경공부』 시리즈, 『틴꿈십대 성경공부』 시리즈, 『인성과 창의력을 중시하는 유대인의 탈무드식 자녀교육법』, 『이야기대화식 성경연구』, 『성품성경공부』 시리즈, 『맛있는 성경공부』, 『맥잡는 기도』, 『전도왕백서』, 『자녀 축복 침상 기도문』, 『누구나 쉽게 배우는 쉬운 기도』, 『예즈덤 성경영재교육』, 『크리스천이여 습관부터 바꿔라』 등 200여 권의 저서가 있다.
e-mail: ckr9191@hanmail.net

성경, 한눈에 쏘옥~ (구약2)

틴~꿈 십대성경공부 | 성경개관 시리즈 1-성경파노라마 구약2

초판1쇄 발행일 | 2009년 1월 5일
초판5쇄 발행일 | 2019년 7월 15일

지은이 | 이대희
펴낸이 | 김학룡
펴낸곳 | 엔크리스토
마케팅 | 유영진, 조형준
관리부 | 김광현, 오연희, 강주영

출판등록 | 2004년 12월 8일(제2004-116호)
주소 | 경기도 고양시 일산동구 장대길 74-10
전화 | (031) 906-9191   팩스 | 0505-365-9191
이메일 | 9191@korea.com
공급처 | (주)기독교출판유통

● 잘못된 책은 바꾸어 드립니다.
● 책값은 뒤표지에 있습니다.

엔크리스토 성경 공부 양육 교재

투데이 성경공부

평생 성경공부할 수 있도록 구성한 시리즈. 주제별로 구성되어 있어 각 교회의 상황에 맞게 커리큘럼을 재구성하여 사용할 수 있다.

101 신앙기초(전 9권 완간) | 201 예수제자(전 9권 완간) | 301 새생활(전 12권 완간)
601 성경개관(전 10권 완간) | 401 · 501 · 701 발간 예정

30분 성경공부

신앙생활의 기초를 다루었으며 신앙의 전체 그림을 그릴 수 있는 2년 과정의 소그룹 성경교재다. 성경공부를 시작할 때 사용하면 효과적이다.

믿음편 | 기초 · 성숙   생활편 | 개인 · 영성 · 교회 · 가정 · 이웃 · 일터 · 사회 · 세계
성경탐구편 | 창조시대 · 족장시대 · 출애굽시대 · 광야시대 · 정복시대/사사시대 · 통일왕국시대 ·
분열왕국시대 · 포로시대/포로귀환시대 · 복음서시대1 · 복음서시대2 · 초대교회시대 · 서신서시대

아름다운 십대 성경공부

십대들이 꼭 알아야 할 성경의 핵심내용과 기독교적 가치관, 세계관을 정립하는 데 필요한 핵심주제를 담고 있으며, 3년 과정으로 구성되었다.

101 자기정체성 · 복음 만남 · 신앙생활 · 멋진 사춘기 · 예수의 사람(전 5권)
201 가치관 · 믿음뼈대 · 십대생활 · 유혹탈출 · 하나님의 사랑(전 5권)
301 비전과 진로 · 신앙원리 · 생활열매 · 인생수업 · 성령의 사람(전 5권)

책별 성경공부

성경 전체 66권을 각 권별로 자유롭게 선택하여 사용할 수 있는 성경공부.
성경 전체를 체계적으로 연구할 수 있다.

창세기 1 · 2 · 3 · 4, 느헤미야, 요한복음 1 · 2, 로마서, 에스더, 다니엘, 사도행전 1 · 2 · 3
(계속 발간됩니다)

＊지도자를 위한 지침서

- 이야기대화식 성경연구 | 이대희 지음 | 10,000원
- 인도자 지침서(십대 성경공부 101시리즈) | 이대희 지음 | 10,000원
- 인도자 지침서(십대 성경공부 201시리즈) | 이대희 지음 | 10,000원
- 인도자 지침서(십대 성경공부 301시리즈) | 이대희 지음 | 10,000원
- 인도자 지침서(30분 성경공부 믿음편 기초, 성숙 | 생활편 개인, 교회)
  | 이대희 지음 | 10,000원